V. 493.

2388.

LA COLOMNE ÉCLAIRANTE DE LA NAVIGATION,

Servant d'instruction pour les Maistres des Navires & Pilots navigeans vers les Grands-Indes, en laquelle est premierement décrite,

La Proprieté des Vents, navigeant du Païs-Bas vers Iava, & derechef de Iava vers le Païs-Bas.

Secondement, *Pour naviger au prin-tems du Païs-Bas vers Iava.*

Tierçement, *Pour naviger en l'automne du Païs-Bas vers Iava.*

Quartement, *Instruction des Moussons, c'est à dire, des Vents passans & soufflans en la Mer & les Isles du Zud.*

Dernierement, *Instruction de l'Aiguille paralleletique, couchante sous la Roze du Compas.*

V. 4493.   V. 4493.

à AMSTELDAM,

Chez *Theodore le Grand.* L'an CIꝶ Iꝶꞓ Lxx.

LA
COLONNE ÉCLAIRANTE
DE LA
NAVIGATION,

Servant d'Instruction pour les Maîtres des Navires & Pilots
navigeans vers les Grand Eaux, en laquelle
(proprement écrite).

La Propriété des Courants, enseignant du Pays-
Basques, & dévoilé &c.

Secondement, ...

Troisièmement, ...

Quatrement, ...
passant & sortissant en la Mer & les Isles du Sud

Dernièrement, ...

INSTRUCTION

*De la Proprieté des Vents navigeant du Païs-Bas vers Java,
& derechef de Java vers le Païs-Bas.*

Omme il eſt tres-neceſſaire aux Maiſtres des Navires & Pilots, étans en ſervice de la Compagnie des Grands-Indes, & navigeans vers les dits Indes, & s'en retournans, de ſçavoir, quels vents ils ont à rencontrer navigeans vers les dits lieux & s'en retournans, on a fait le ſuivant enſeignement pour leur inſtruction, compoſé par ceux qui en ont eu des preuves & experiences ſuffiſantes, & auquel un chacun des ſuſdits Maiſtres des Navires & Pilots eſt adverti de bien prendre guarde.

Du Païs-Bas juſques aux Iſles de Canarie les vents ſont variables.

Des Iſles de Canarie vers le Zud, a-t'on communement un vent paſſant de Nord-Eſt, mais ſouffle l'un des tems de l'année plus loing, que l'autre, & ce en la maniere ſuivante.

Au mois de Janvier, Fevrier & Mars, le vent paſſant de Nord-Eſt ſouffle communement juſques à 4. dégrés, largeur de Nord, là où en ce tems-là le vent paſſant de Zud-Eſt & un peu plus s'approchant à l'Eſt, commence.

En Avril, le vent paſſant de Nord-Eſt ſouffle communement juſques à 5. degrés, largeur de Nord, où en ce tems-là le vent de Zud-Eſt, commence.

En May, juſques à 6. degrés, largeur de Nord, où en ce tems-là, le vent de Zud-Eſt, mais un peu plus s'approchant au Zud, commence.

En Juin, juſques à 8. degrés, largeur de Nord, où alors le vent de Zud commence.

En Juillet, juſques à 10. degrés, largeur de Nord, où en ce tems-là le vent de Zud, & un peu plus s'approchant à l'Oüeſt, commence.

En Aouſt, juſques à 11. degrés, largeur de Nord, où le vent de Zud, & un peu plus s'approchant à l'Oüeſt, commence.

En Septembre, juſques à 10. degrés, largeur de Nord, où le vent de Zud commence.

En Octobre, juſques à 8. degrés, largeur de Nord, où le vent de Zud, mais un peu plus s'approchant à l'Eſt, commence.

En Novembre, juſques à 6. degrés, largeur de Nord, où le vent de Zud-Eſt commence.

En Decembre, juſques à 5. degrés, largeur de Nord, où le vent de Zud-Eſt commence.

Il faut ſçavoir, qu'entre le vent paſſant de Nord-Eſt & Zud-Eſt, le vent communement eſt variable; leſquels vents variables quelquefois ſe treuvent un degré ou deux plû-tôt ou plus tard, que la largeur ſus-mentionée; mais plus qu'on eſt vers le Nord, plus qu'on rencontre auſſi les vents variables vers le Nord & Nord-Eſt, & plus qu'on vient vers le Zud, plus qu'auſſi les vents variables ſoufflent vers le Zud-Eſt, & Zud.

Sur la Côte de Braſil, le vent ſouffle du mois de Septembre juſques au mois de Mars le plus du tems de l'Eſt, & un peu tirant vers le Nord: & du mois de Mars juſques au mois de Septembre, le vent ſouffle ſur la dite Côte le plus du tems de l'Eſt-zud-Eſt, & Zud-zud-Eſt, ſelon qu'on eſt éloigné ou proche de la terre: tout proche de la terre, vous y avés le vent de Zud.

Mais ſur la Côte d'Angole le vent ſouffle continuellement preſque du Zud.

Du Cap de Bonne Eſperance tirant vers S. Helene, Aſcençion, & auſſi vers la Ligne ou l'Equinoxe, vous y avés communement le vent de Zud-Eſt.

Entre les degrés 28. & 35. largeur de Zud, on trouve ordinairement des vents variables.

A 2

De

De de-là le Zud à la hauteur de 35. ou 36. degrés, largeur de Zud, on a ordinairement un vent passant de l'Oüest, mais ne tient pas reigle ferme au mois de Janvier, Fevrier & Mars, comme bien és autres saisons de l'année.

Les vents passans de l'Oüest de de-là le Zud, à la hauteur de 35. ou 36. degrés, largeur de Zud, soufflent aussi de de-là de l'Est du Cap de Bonne Esperance jusques à la Terre de la Concorde; mais en Janvier, Fevrier & Mars a-t'on aussi de de-là le Zud, à la hauteur de 35. degrés environ le Cap de Bonne Esperance, & 100. ou 200. lieües de de-là de l'Est (comme a été dit de delà de l'Oüest) plusieurs vents variables, lesquels aussi soufflent souventefois de l'Est.

Entre la hauteur de 35. ou 28. degrés, largeur de Zud, a-t'on communement des vents variables, lesquels aussi soufflent souventefois jusques au Tropicus Capricorni.

De de-là de l'Est de Madagascar, vous y voyés la Mer entiere des Indes, & entre le 10. ou 11. degrés, largeur de Zud, & le Tropicus Capricorni, vous y avés ordinairement le vent passant de l'Est; lequel se trouve encore souventefois jusques à la hauteur de 28. degrés, largeur de Zud, & y souffle l'an entierement.

Entre la Ligne ou l'Equinoxe, & les 10. ou 11. degrés, largeur de Zud, le vent souffle, l'un des tems de l'année de l'Est, & l'autre tems de l'année de l'Oüest. Le vent de l'Est, communement appellé Mousson, souffle depuis l'Avril jusques au mois de Novembre, & derechef de Novembre jusques au mois d'Avril le dit vent souffle de l'Oüest; mais en Decembre & Janvier le dit vent souffle & penetre le plus fort. On conte les mois d'Avril & de Novembre pour des mois douteux.

INSTRUCTION

Pour naviger au prin-tems du Païs-Bas vers Java.

Selon l'enseignement precedent de la Proprieté des Vents, en navigeant du Païs-Bas vers Java, & derechef de Java vers le Païs-Bas, composé par ceux qui en ont eu des preuves evidentes & experiences plus que suffisantes, est ordonne, comme on ordonne presentement à tous Maistres des Navires, & Pilots, estans en service de la Compagnie Ottroyée des Grands-Indes, navigeans au prin-tems du Païs-Bas vers Java.

Premierement, qu'ayant passé la Canale, qui est entre la France & l'Angleterre, & cela proche de Lezard, ou la fin de l'Angleterre, s'il est possible, ils mettront leur course vers le Zud-Oüest; jusques à la hauteur de 43. degrés, pour par ce moyen faire voile environ 60. lieües du Cap de Finistere. s'Il arrive, qu'il faut faire voile derriere l'Escose, les dits Maistres des Navires & Pilots tâcheront de parvenir à la méme hauteur de 43. degrés, & la méme longitude de 60. lieües du Cap de Finistere.

Aprés feront voile & leur course, (ayans atteints les sus-mentionnées 43. degrés, largeur de Nord, & étans 60. lieües en mer du Cap de Finistere) Zud & Zud-Oüest vers Madere ou Porto Sancto, & delà en suite par céte course de Zud tâcheront de passer entre Canarie & Teneriffe; ou prenant la course un peu plus vers l'Oüest, feront voile au de-là de l'Oüest de Teneriffe, selon qu'on y rencontrera les vents.

Ce qui a été dit, s'entend quand on a le vent à son aise; mais si le vent devenoit contraire, alors on tâchera, tant que possible sera, de tenir la course proposée, & n'omettre de faire voile, jusques à ce qu'on aye veu les Isles de Canarie, là où qu'on rencontre le vent passant de Nord-Est, comme a été dit en la description de la proprieté des Vents.

Avec ce vent passant de Nord-Est faisant voile des Isles de Canarie vers les Isles du Cap Verde, on tâchera aussi de les avoir en veué & bien reconnoître.

Aprés faisant voile des Isles du Cap Verde, on mettra la course Zud à l'Est, jusques à ce qu'on appercoive les vents variables.

Et afin que par ces vents variables on ne feroit pas la course trop vers l'Est, vers l'Oüest, l'Ouëst, mais qu'on pourroit plus commodement trouver ou s'approcher à la Ligne du l'Equinoxe, on a annoté és Cartes les pointes A. B. C. D. E. F. G. assavoir,

Le point A. à la hauteur de 11. degrés, 30. minutes, largeur de Nord, 60. lieuës Zud-Ouëst du Cap Verde; bien entendant le Cap Verde à la hauteur de 14. degrés, 30. minutes.

Le point B. à la hauteur de 7. degrés de largeur, 80. lieuës Ouëst au Zud de Sierraleone.

C. en la Ligne Equinoxiale, au Zud du Cap Monte.

D. en la Ligne Equinoxiale, 85. lieuës vers l'Est de Viga.

E. à la hauteur de 11. degrés, 30. minutes de largeur, au Zud de I. Bravà.

Du point A. jusques à la lettre B. est tirée une ligne, & du B. une ligne jusques à la lettre C. comme aussi du point E. jusques à la lettre D.

Outre les points & lignes sus-mentionnées, est marqué 40. lieuës vers l'Est du point D. en la ligne Equinoxiale, le point G. duquel point G. est tirée une ligne, finissant à la ligne E D. au point F. à la hauteur de deux degrés, 50. minutes.

Partant les Navires tâcheront de faire voile entre la Ligne A B C. & la Ligne E D. afin de passer la Ligne Equinoxiale, & prendront guarde de ne venir pas plus vers l'Est que la ligne A B C: afin que par ces courants, qui courent extremement fort vers la Manche de Guinée au mois de Iuin, Iuillet & Aoust, ils ne soyent emportés en la dite Manche.

Pareillement on ne prendra pas la course plus vers l'Est, que la ligne E D. afin de n'approcher pas trop la Côte de Brasil; car en Avril, May, Iuillet & Aoust, le vent de Zud souffle le plus du tems sur la dite côte, qui cause que le courant de la mer se ritire vers le Nord; parce il ne feroit pas possible de passer les Abrolhos aux dits mois, si on étoit trop près la Côte de Brasil.

Parce les Navires, qui aux mois de May, Iuin, Iuillet & Aoust se rencontreront en cet endroit, prendront bien guarde de ne faire voile de de-là de l'Est de la dite ligne A B C. ni aussi de de-là de l'Ouëst de la ligne E D. si ce n'est que la necessité extreme le requerroit.

Mais s'il arrivoit, qu'environ la ligne E D. de trois ou plus moindres degrés vers la Milieüe-Ligne, on auroit le vent environ le Zud-Est, ou un peu plus s'approchant à l'Est, & suivant ce qui a été dit, il faudroit pirouëtter, alors il se faudra tenir à la course du zud à l'Ouëst jusques au Zud-zud-Ouëst, afin d'ainsi s'approcher à Ligne Equinoxiale. Et en cas que le vent s'approchoit de la sorte vers le zud, qu'on ne pourroit pas tenir la course de Zud-zud-Ouëst, & on ne pourroit pas demeurer de de-là de l'Est de la ligne F G. alors il faudra pirouëtter vers l'Est, jusques à ce qu'on aye la commodité avec la course du zud de s'approcher à la Milieüe-Ligne de de-là de l'Est de la lettre D. portant bien soing de ne venir pas de de-là de l'Ouëst de la lettre G.

Si entre les dites lignes A B C. & E D. on est parvenu jusques à là, qu'on s'approche de la Ligne Equinoxiale, entre le point C. & le point D. ou entre C. & G. au plus dernier, & on rencontre les vents passans de zud-Est, alors il faudra prendre la course vers le zud, jusques à ce qu'on aye trouvé le vent d'Ouëst, & alors avec ce vent d'Ouëst mettre la course vers le zud-Est, jusques à la hauteur de 36. 37. ou 38. degrés, largeur de zud, & en apres tout droit vers l'Est; prenant tousjours bien guarde & un soing particulier, si on pourroit apperçevoir quelque chose, laquelle jusques à present a été encores inconnuë.

Estans passés le Cap de Bonne Esperance, on trouve bon & à propos, qu'entre la hauteur de 36. & 42. degrés, largeur de zud, on face la course vers l'Est, jusques à ce qu'on soit parvenu 850. lieuës de de-là de l'Est du Cap de Bonne Esperance.

S'il arrive, qu'au, ou apres le commencement d'Octobre on trouve d'estre environ 850. lieuës de de-là de l'Est du Cap de Bonne Esperance, & qu'on pourroit atteindre le Destroit de Sunda avec le Mousson de l'Ouëst, lequel a sa plus grande & vehemente force en Decembre, Janvier & Fevrier, alors on fera la course tellement vers le Nord, qu'on est asseuré de tomber de de-là de l'Ouëst du Destroit de Sunda: afin, qu'estans parvenus à la hauteur de 6. degrés, largeur de zud, & dessus le vent du Deſtroit de Sunda, on le puiſſe en toute viſteſſe approcher & atteindre.

Mais ſi on fait voile du Cap de Bonne Eſperance vers l'Eſt, & devant le commencement d'Octobre, ou aprés le commencement de Mars, on remarque entre la hauteur de 36. & 42. degrés de largeur, d'étre 800. lieuës du Cap de Bonne Eſperance, & qu'il eſtoit neceſſaire d'approcher le Deſtroit de Sunda avec le Mouſſon de l'Eſt, alors on inſtituera la courſe plus vers le Nord, que vers l'Eſt, afin, qu'étans venus à la hauteur de 30. degrés de largeur, on puiſſe auſſi ſoupçonner d'étre 950. ou 1000 lieués de de-là de l'Eſt du Cap de Bonne Eſperance.

Ayans faits ces 950. ou 1000 lieuës de de-là de l'Eſt du Cap de Bonne Eſperance, il ſera neceſſaire (ſi l'occaſion du tems & des vents le permette) de tâcher à avoir en veuë la Terre de la Concorde à la hauteur de 27. degrés de largeur, ou plus vers le Nord, afin de là inſtituer une telle courſe, par laquelle on ſe puiſſe aſſeurer, qu'on paſſera les Trials Rudſen ſans aucun peril, (leſquels ſe rencontrent à la hauteur de 20. degrés, largeur de zud) & qu'auſſi par-là on puiſſe commodement atteindre la Côte du zud de Iava, pour ainſi, étans deſſus le vent du Deſtroit de Sunda, l'approcher & emboucher.

Il eſt auſſi à ſçavoir, que l'Iſle de S. Paul ſe rencontre à la hauteur environ de 38. degrés, largeur de zud, & 700 lieuës, ſelon l'opinion des Pilots, de de-là de l'Eſt du Cap de Bonne Eſperance, à quoy il faut bien prendre garde, & prevoir en tems, afin de n'y tomber pas à l'improviſte.

Remarqués bien.

Le chemin entre le Cap de Bonne Eſperance & la Terre de la Concorde eſt en effet plus court, que ne montre la Carte des degrés equipollens, & peut arriver que par le courant de la mer, le chemin ſe trouve encore plus court, qu'il n'eſt en effet: tellement qu'on pourroit plûtôt apperceyoir la dite Terre, qu'on n'auroit penſé: la Terre de la Concorde a de de-là du zud, à la hauteur de 27. degrés de largeur, divers & perilleux lieux ſablonneux & des fonds bien aigus: Partant il ſe faut bien adviſer & prevoir en tems; auſſi eſt-il neceſſaire de ſe ſervir de la ſonde, comme par nuit & en tems brouillars; car 7. 6. ou 5 lieuës de la terre ou peut ſonder le fond, à 100. 80. ou 70 braſſes.

INSTRUCTION

Pour naviger en l'Automne du Païs-Bas vers Iava.

SElon l'enſeignement precedent de la Proprieté des Vents, en navigeant du Païs-Bas vers Iava, & derechef de Iava vers le Païs-Bas, compoſé par ceux qui en ont eu des preuves evidentes & experiences plus que ſuffiſantes, eſt ordonné, comme on ordonne preſentement à tous Maiſtres des Navires & Pilots, eſtans en ſervice de la Compagnie Ottroyée des Grands-Indes, navigeans en l'Automne du Païs-Bas vers Iava:

Premierement, qu'ayant paſſé la Canale, qui eſt entre la France & l'Angleterre, & cela proche de Lezard, ou la fin de l'Angleterre, s'il eſt poſſible, ils mettront leur courſe vers le zud-Ouëſt, juſques à la hauteur de 43. degrés, pour par ce moyen faire voile environ 60. lieuës en mer du Cap de Finiſtere.

Apres inſtitueront leur courſe, (ayans atteints les 43. degrés ſus-mentionnés, largeur de Nord, & eſtans 60 lieuës en mer du Cap de Finiſtere,) zud & zud-Ouëſt vers Madere ou Porto Sancto, & de-là en ſuite par céte courſe de zud tâcheront de paſſer entre Canarie & Teneriffe, ou prenant la courſe un peu plus vers l'Ouëſt, de faire voile de de-là de l'Ouëſt de Teneriffe, ſelon qu'on y rencontrera les vents.

Ce qui a été dit, s'entend quand on a le vent à ſon gré; mais ſi le vent devenoit contraire, alors on tâchera, tant que poſſible ſera, de tenir la courſe propoſée, & n'omettre de faire voile, juſques à ce qu'on aye veu les Iſles de Canarie, là où qu'on rencontre le vent paſſant de Nord-Eſt, comme a eſté dit en la deſcription de la proprieté des vents.

Avec ce vent paſſant de Nord-eſt partant & faiſant voile des Iſles de Canarie vers les Iſles du Cap Verde, on tâchera auſſi de les avoir en veuë & bien reconnoître.

Apres faiſant voile des Iſles du Cap Verde, on inſtituera la courſe zud à l'eſt, juſques à ce qu'on aye trouvé les vents de zud-eſt & de l'eſt, & alors avec les dits vents on inſtituera la courſe vers le zud.

Veu que du mois de Novembre juſques au mois de Mars, environ la Côte de Braſil, les vents ſoufflent le plus du tems vers le Nord de de-là de l'eſt, on trouve à propos, d'inſtituer droitement avec le dit vent la courſe vers le zud, juſques à ce qu'on aye trouvé le vent d'Ouëſt, pour alors avec le dit vent prendre la courſe vers le zud-eſt, juſques à la hauteur de 36, 37, 38. ou 40. degrés, largeur de zud; & de là vers l'eſt: prenant tousjours bien guarde, & portant ſoing, ſi on pourroit apperçevoir quelque choſe, laquelle juſques à preſent a été encores inconnuë.

Ayant paſſé le Cap de Bonne Eſperance, on inſtituera la courſe vers l'Eſt, eſtant entre la hauteur de 36. & 42 degrés, largeur de Zud, juſques à ce qu'on ſoit parvenu 800. lieuës de de-là de l'Eſt du Cap de Bonne Eſperance, & alors on prendra la courſe un peu plus vers le Nord, que l'Eſt, aſſavoir quand on jugera d'eſtre parvenu à la hauteur de 30. degrés de largeur, & environ 950. ou 1000. lieuës de de-là de l'Eſt du Cap de Bonne Eſperance.

Ayant fait ces 950. ou 1000. lieuës de de-là de l'Eſt du Cap de Bonne Eſperance, il ſera neceſſaire, ſi l'occaſion du tems & des vents le permette, de tâcher à voir & avoir en veuë la Terre de la Concorde, à la hauteur de 27. degrés de largeur, ou plus vers le Nord; afin de là inſtituer une telle courſe, par laquelle on ſe puiſſe aſſeurer, qu'on paſſera les Trials Rudſen ſans aucun peril, leſquels ſe rencontrent à la hauteur de 20. degrés, largeur de Zud; & qu'auſſi par là on puiſſe commodement atteindre la Côte du Zud de Java, pour ainſi, étant deſſus le vent du Deſtroit de Sunda, l'approcher & emboucher en toute viſteſſe.

Il faut que ceci ſoit entendu, au tems quand le Mouſſon de l'eſt ſouffle de de-là le Zud de la Ligne Equinoxiale, & que les ſus-mentionnées 950. ou 1000. lieuës de de-là de l'eſt du Cap de Bonne Eſperance, entre le commencement de Mars & la fin de Septembre, ſoyent atteintes.

Mais au tems, quand le Mouſſon de l'Ouëſt de de-là le Zud de la Ligne Equinoxiale ſouffle, (lequel en Decembre, Janvier & Fevrier a ſa plus grande & vehemente force,) & eſtant parvenu entre la ſus-décrite largeur de 36. ou 40. degrés, environ 850. lieuës de de-là de l'eſt du Cap de Bonne Eſperance; alors il faut prendre la courſe un peu plus vers le Nord que l'eſt, afin que de-là on puiſſe eſtre aſſeuré, qu'on tombera de de-là de l'Ouëſt du Deſtroit de Sunda, & eſtant parvenu à la hauteur de 6. degrés, largeur de Zud, & deſſus le vent du dit Deſtroit de Sunda, on le puiſſe emboucher & atteindre en toute celerité.

Il faut auſſi ſçavoir, que l'Iſle de S. Paul ſe rencontre ſur la hauteur environ de 38. degrés, largeur de Zud; & 700. lieuës, ſelon l'opinion des Pilots, de de-là de l'Eſt du Cap de Bonne Eſperance: à quoy il faut bien prendre guarde, & prevoir en tems, afin de n'y tomber pas à l'improviſte.

Remarqués bien.

Le chemin entre le Cap de Bonne Eſperance, & la Terre de la Concorde eſt en effet plus court, que ne montre la Carte de degrés equipollens; & peut arriver que par le courant de la Mer, le chemin ſe trouve encore plus court, qu'il n'eſt en effet: tellement qu'on pourroit plûtôt apperçevoir la dite Terre, qu'on n'auroit penſé, d'où pourroit proceder un grand dommage; d'autant que la Terre de la Concorde de de-là le Zud de 27. degrés de largeur, a pluſieurs & divers perilleux lieux ſecs & ſablonneux & des fonds bien pointus: pource il ſe faut bien adviſer & prevoir en tems: auſſi eſt-il neceſſaire de ſe ſervir de la ſonde, comme par nuit & en tems broüillars; car 7, 6. ou 5. lieuës de la terre on peut ſonder le fond à 100. 80. ou 70. braſſes.

INSTRUCTION

Des Moussons, c'est à dire, des Vents passans & soufflans en la Mer & les Isles du Zud.

Mousson d'Ouëst.

A Batavia, & le long de la côte entiere du Nord de Java, comme aussi le long de la côte du Nord de toutes les Isles, lesquelles depuis Java jusques à Solor & Timor sont gissantes à une raye vers l'Est, commence le mauvais téms (lequel est le vent d'Ouëst, meslé avec de la pluye) au commencement de Novembre. Au mois de Decembre il commence à souffler plus fort & à pleuvoir le plus. Mais en Janvier le dit vent d'Ouëst souffle au plus haut degré & alors les pluyes sont extremement grandes, parmeslées de tempestes & orages : ce qui dure jusquesà la moitié de Fevrier, depuis quel tems, ce mauvais saison, assavoir le vent passant d'Ouëst, se diminue, jusques à la fin du mois de Mars.

Mois douteux.

Au mois d'Avril il y fait du beau tems, mais on y rencontre aussi des vents variables, plusieurs calmes & eau applanie ; quelquefois y arrivé quelque petité tempête, quand la Lune est pleine ou nouvelle, & cela de l'Ouëst, ce qui dure jusques au commencement du mois de May, quand le vent se commence à tourner vers l'Est.

Mousson de l'Est.

Depuis le commencement du mois de May, le vent de l'Est souffle és dits lieux, mais avec peu de pluye : en Juin & Juillet souffle le vent de l'Est au plus fort, sans qu'il y tombe de la pluye, si ce n'est quelquefois par des tempêtes impreveués, mais cela fort rarement ; tellement qu'en ces tems-là le plus souvent il y fait un ciel beau & serein, jusques à la fin du mois de Septembre.

Mois douteux.

Au mois d'Octobre les dits lieux sont derechef sujets à des vents variables ; les vents de l'Est diminuans, & celles de l'Ouëst derechef recommenceans.

Chemin par où le Mousson court.

Les vents passans sus-mentionnés, comme aussi le cours de l'eau, laquelle suit les vents, prenent leur courfe de l'Ouëst-nord-ouëst, ou de l'Est-zud-Est, & penetrent tout droitement de pleine mer par les terres.

Incertitude du commencement du Mousson.

Est à sçavoir, qu'en quelques années, les predits vents passans commencent bien 14. jours, voire aussi un mois entier plus tard, ou plus tôt, & finissent alors au tems ordinaire.

Il ne faut pas faire voile contre le Mousson d'Ouëst.

Au tems, auquel le vent d'Ouëst & le cours de l'eau court au plus fort en la dite Mer, (ce qui arrive en Decembre, Janvier & par de-là la moitié de Fevrier,) il n'est pas profitable à se mesler de vouloir, contre vent & le cours de l'eau, jetter l'ancre au fond & ainsi y resister ; quoy que tout pres de la terre il y auroit bon fond à ancrer : car si le chemin est un peu plus loing, on perdra plus de tems & cela avec peine, qu'on auroit perdu en attendant apres le vent de l'Est. Mais si le chemin n'est pas loing du lieu où qu'on desire d'étre, comme de Batavia à Bantam, alors on jette bien l'ancre au fond, resistant ainsi au cours de l'eau, mesmes avec des Navire.

Il est possible de faire voile contre le Mousson de l'Est.

Les vents de l'Est ne soufflent en aucune maniere si forts aux dites Côtes, comme bien font les vents de l'Ouëst ; d'où procede, qu'on peut naviger au tems des vents de l'Est, de lieux de l'Ouëst vers celles de l'Est ; comme de Bantam à Batavia, &c. & ainsi en suite jusques à Solor & Timor, si on retient continuellement la terre, & navige passant entre Madure. Et d'autant que les vents de l'Est ne soufflent pas si forts, les Navires, qui vienent de l'Ouëst de la Mer des Indes, peuvent en tout tems de l'année s'approcher du Destroit de Sunda, & ainsi arriver à Batavia.

De passer le Destroit de Sunda contre le Mousson de l'Ouëst.

Mais bien que les vents de l'Ouëst & les cours de l'eau courent indifferemment plus vistes, que celles de l'Est, neantmoins on peut à tout tems, mémes au mitan du tems des vents de l'Ouëst partir de Batavia & ainsi passer le Destroit de Sunda ; mais avec plus grandes peines, que quand on entre dedans le dit Destroit de Sunda avec le Mousson de l'Est.

Le Destroit de Sunda est fort profond du Côté de Sumatre, & en quelques endroits sans fond ; mais le long du Côté de Java on trouve tout par tout bon fond à ancrer, dite côte de Java ; mais il faut auſſi bien prendre guarde , de n'approcher pas trop la terre, afin que par quelque tempête on n'y ſoit pas jetté , d'autant que le vent y eſt vers la terre.

Au nombre des Iſles du Prince , giſſantes à la fin de l'Oüëſt de Java au Deſtroit de Sunda, a-t'on bon fond à ancrer, voire une profundeur tout à fait deſiderable ; tellement qu'on y peut ancrer à 20. ou 15. braſſes de profundeur , en attendant que le vent tourne vers l'Oüëſt-zud-Oüëſt ; d'autant que le vent y ſouffle bien quelquefois aucunes rayes hors de ſon cours naturel, qui eſt en Mer Oüëſt-nord-oüëſt, & Nord-oüëſt : Ayant donc le vent de l'Oüëſt-zud-oüëſt, on peut aiſement naviger de dits Iſles par-deſſus le lieu applani de Sumatre , & ſortir du Deſtroit de Sunda, où le vent derechef ſouffle Nord à l'Oüëſt, & on peut bien alors inſtituer la courſe Zud-oüëſt au Zud, ou bien Zud-zud-oüëſt , juſques à la hauteur de 10. & 11. degrés , largeur de Zud , afin de bien rencontrer le vent paſſant de Zud-Eſt.

De Batavia vers le Nord, le long du côté de l'Eſt de Sumatre, paſſant entre Banca, & vers le Deſtroit de Sabon, le Mouſſon tient un même reigle comme à Batavia , mais ſouffle plus du Nord-Oüëſt.

Le long du côté entiere de l'Eſt de Sumatre, a-t'on bon fond à ancrer, vous y avez auſſi le flux & reflux de la Mer , mais ne tenant pas ſi juſte reigle, comme au Païs-Bas ; car le decours de l'eau court differemment plus long-tems avec le Mouſſon, que contre le Mouſſon ; mais la Lune eſtant pleine ou nouvelle, alors le cours de l'eau veut bien plus qu'aux autres ſaiſons, prendre ſa courſe contre le Mouſſon ; par où les Navires, navigeans en ces contrées , peuvent faire voile contre le Mouſſon , mais non pas ſans grande peine.

En la Mer entre Banca , Bintang & les autres Iſles prochaines vers l'Oüëſt , & Borneo vers l'Eſt (nommé par les Portugais à cauſe de ſon calme *la Malaya de los Damas*) tient le Mouſſon un même tems & chemin, comme le long de Java : mais là , environ la Milicie-ligne, ne tient pas ſi juſtement la même reigle, aſſavoir de tems ſec ou pluvial, comme il arrive bien aux lieux ſus-mentionnés ; car il peut arriver qu'à Borneo, la pluye tombe onze mois entierement, ou du moins tous les jours un peu.

Pareillement à Macaſſaer , le long du côté de l'Oüëſt & du Nord de Celebes , comme auſſi aux Molucques , & le long de Bathachina ou Gilloo, a-t'on auſſi le Mouſſon , aſſavoir au meſme tems qu'il ſouffle le long de Java , & les autres Iſles y giſſantes de de-là de l'Eſt ; mais en telle difference, que le Mouſſon de l'Oüëſt aux Molucques ſouffle du Nord-nord-oüëſt, pourquoy qu'auſſi on le nomme le Mouſſon du Nord , & non pas de l'Oüëſt. Au contraire, le Mouſſon de l'Eſt ſouffle aux Molucques du Zud-zud-Eſt, pourquoy qu'on le nomme auſſi le Mouſſon du Zud, & non pas de l'Eſt ; durant juſques aux Manipes , eſtans trois Iſles, giſſantes tout proche de Cambello, depuis Ceram vers Bouro, à la hauteur de trois degrés , largeur de Zud. Et ce Mouſſon d'Oüëſt, ou du Nord, ainſi qu'on le nomme ici, cauſe aux Molucques diverſes & pluſieurs pluyes ; & le Mouſſon de l'Eſt ou du Zud diverſes & pluſieurs ſeichereſſes ; de la même maniere, comme a eſté dit du Mouſſon de Java & les Iſles y prochaines ; mais non pas avec tant de difference, comme a eſté dit, d'arriver auſſi à Borneo, que ſouventefois dans un an entier il y a pas de difference entre bon ou mauvais tems.

Bien qu'en Iuin & Iuillet le Mouſſon de l'Eſt ou du Zud aux Molucques & les Iſles y prochaines, court & ſouffle au plus fort, comme on peut entendre de la deſcription precedente ; neantmoins les Navires peuvent encores en quelque ſaiſon faire voile de coté & d'autre contre le vent & le cours de l'eau, paſſant entre les Iſles juſques aux Manipes , où ils commencent à rencontrer le Mouſſon, aſſavoir vent & cours de l'eau du coté de l'Eſt, au moyen deſquels ils peuvent arriver en toute commodité à Batavia.

Celuy qui en la ſaiſon du Mouſſon du Nord, ou de l'Oüëſt, veut entre aux Molucques , venant de l'Oüëſt & paſſant entre les Boucquerones de de-là le Zud de Celebes, peut naviger aupres de Celebes le long des Iſles de Bouton, laiſſant la plus-part des petites Iſles deſſus Bouro, comme auſſi Xulla de Pangayen à la main droite, de quoy voyés la Carte Paraphraſtique de Guillaume Jean d'Amſteldam, Gouverneur de Solor, Timor & les Iſles circonvoiſines, qui en donne une ample inſtruction : En cet en-

droit

droit donc estant aidé de les recours de l'eau & trouvant presque en tous lieux fond à ancrer, on peut bien faire voile de côté & d'autre tout prés de la terre, jusques à ce que ce soit proche assés du Nord, pour ainsi delà passer outre vers les Molucques.

Mais d'autant qu'entre le dit chemin le long de Celebes, on rencontre plusieurs escueils & lieux sablonneux, il est mieux, voulant faire voile vers les Molucques au Mousson de Nord, de passer le Destroit de Bouton, & de là instituer la course de de-là le Zud dé Xulla à l'emboucheure de Ouby, d'où on peut venir, passant entre les Isles, derriere le Nord.

De de-là le Zud des Manipes, Amboine & Banda, & ayant passé Bouro, jusques au Titabesse, a-t'on avec le Mousson de l'Est (qui tient ici une même reigle, comme le long de Java & autres lieux décrites,) au commencement & jusques au mitan du Mousson (ce qui est au finissant du mois d'Avril, jusques à la fin de Septembre, & en quelques années un mois ou demy plus tôt ou plus tard) des fortes pluyes & vents vehemens, au mesme tems quand le long de Java & les lieux circonvoisins on se jouïsse d'un ciel serein & sec, sans les plus moindres tempêtes.

Et apres que le Mousson de l'Est est passé, les decours de l'eau prenent ici leur course bien un mois entier ou environ contraire au vent d'Ouëst, comme aussi fait le courant apres le Mousson de l'Ouëst à celuy de l'Est.

De de-là le Nord de Malacque & Atchin & de là vers l'Ouëst à la Manche de Bengale, assavoir le long de la côte de Cormandel & Ceylon, on conte, qu'en ces mois-là, quand à Batavia & de là vers l'Est, comme aussi vers l'Ouëst jusques à ce qu'on aye passé les Maldives, entre la Milieüe-Ligne & la largeur de Zud de 10. ou 11. degrés, le Mousson de l'Ouëst souffle; mais ici au contraire le vent passant souffle de l'Est-Nord-Est, & du Nord-Est : & derechef en ce tems-là, quand à Batavia & aux lieux susmentionnés du Zud, les vents de l'Est soufflent, ici, estant de de-là le Nord de la Milieüe-Ligne, le vent passant souffle de l'Ouëst-zud-Ouëst, & du Zud-Ouëst; mais le tems & la saison du commencement & de la fin de ce Mousson de Nord-Est de de-là le Nord de la Ligne, differe autant du commencement & la fin du Mousson de l'Ouëst de de-là le Zud de la Ligne, que le predit Gouverneur Guillaume Jean a annoté & remarqué, qu'estant à ancre à la rade de Ceylon dessous Puncto Gale au milieu du mois de Mars, le vent commençoit à souffler de l'Ouëst-zud-Ouëst & du Zud-Ouëst; & qu'à la fin de Mars le Mousson de l'Ouëst penetroit continuellement, & que les decours de l'eau prenoyent leur course en vehemence derriere le Nord, & cela continuant jusques au commencement d'Octobre, avant que le vent de l'Est-Nord-Est, & Nord-Est revint de la Manche de Bengale.

A Masulipatnam commence au commencement de Juin un vent terrestre, qui ne dure que 14. jours, lequel est extremement chaud & insalubre; quand ce vent commence à souffler, les Navires qui sont sur la côte de Cormandel, en peuvent bien partir, & instituer la course vers Atchin, tout pres le vent, ou derriere Sumatre, pour ainsi arriver à Batavia : mais d'autant qu'en ce mois-là, le vent en pleine mer souffle au plus fort vers la Manche de Bengale, assavoir du Zud-Ouëst, & de l'Ouëst-zud-Ouëst, & le cours de l'eau se poussant fort derriere le Nord, parce est-ce, qu'il arrive souventefois, que les Navires ont assés à faire pour atteindre Atchin.

La plus viste & plus heureuse navigation de la côte de Cormandel vers Batavia, se fait en Octobre, Novembre & Decembre, avec le Mousson du Nord-Est, qui porte les Navires jusques sous la Milieüe-Ligne, où ils rencontrent des vents variables; & venans à la hauteur d'un, ou un & demy degrés, largeur de Zud, ils trouvent en Novembre & Decembre le vent d'Ouëst-nord-Ouëst, qui leur amene heureusement à Batavia.

Ceux, qui les premiers avec les Navires du Païs-Bas, l'an 1614. on visités la côte de l'Arabie, ont remarqués & annotés, qu'ils ont rencontrés, prés de la côte de l'Arabie, 50. ou 60. lieués en mer de la terre des Noirs, du commencement d'Aoust jusques au 19. de Septembre, de 5. degrés, largeur de Zud, le plus du tems des vents du Zud, Zud-zud-ouëst, & zud-ouëst.

Et

Et qu'ils avoyent depuis le 19. de Septembre sous la côte de l'Arabie un vent d'Est-zud-Est, & des cours de l'eau qui s'en alloyent derriere l'Ouëst, & plusieurs calmes sous la terre : mais venans en mer à la fin d'Octobre, ils avoyent des vents du Nord-Est, & Nord-Nord-Est; & au commencement de Novembre, estans parvenus sous la Milieüe-Ligne, de l'Ouëst-Nord-Ouëst; & à la hauteur de 4. degrés, largeur de Zud, vent d'Ouëst-zud-ouëst, lequel leur amena jusques à Bantam.

En la Mer des Indes entre Madagascar vers l'Ouëst, & Java vers l'Est, de de-là le Zud de 10. à 11. degrés, largeur de Zud, jusques sous le Tropicus Capricorni, & de de-là le Zud, aussi à la hauteur de 28. degrés, largeur de Zud, soufflent des vents du Zud-Est, l'un an comme l'autre, c'est à dire tousjours, avec lesquels les Navires, partant de Batavia vers la Patrie, sont souventefois portées, jusques au fond & l'escueil du Cap das Aiguillas, où ils rencontrent les vents d'Ouëst, qui leurs delaissent derechef, aussi tôt qu'ils ont passés le Cap de Bonne Esperance, estans parvenus à la hauteur de 28. ou 27. degrés, largeur de zud; où ils trouvent le vent passant de zud-Est, par lequel ils peuvent atteindre S. Helene & la Milieüe-Ligne.

Les predits vents d'Ouëst, qui se rencontrent aupres du Cap de Bonne Esperance, ont leur course, aussi bien de de-là de l'Ouëst, (comme depuis les Isles de Tristan d'Acunha vers le Cap,) que de de-là de l'Est du Cap de Bonne Esperance, & cela en la Mer entiere des Indes de de-là le Zud de 28 en 36 degrés, largeur de Zud, & principalement aux mois de May, Iuin, Iuillet & d'Aoust, au tems que là l'hiver se rencontre; mais en Ianvier, Fevrier & Mars, qui y sont des mois d'Esté, on y a plusieurs vents variables, lesquels aussi soufflent souventefois de l'Est, meslés de plusieurs tempêtes & orages.

Les vents du Zud, qui depuis 24 ou 25 degrés, largeur de Zud, jusques environ la Milieüe-ligne soufflent en mer, entre Angole & la Brasil, arrivent le plus du tems en Mars, Avril, May, Iuin, Iuillet, Aoust & Septembre, entant que le Soleil est de de-là le Nord de la Milieüe-ligne, du Zud-Est; mais en Octobre, Novembre, Decembre, Ianvier & Fevrier, quand le Soleil est de de-là le Zud de la Milieüe-ligne, ils soufflent le plus souvent du Zud-zud-Ouëst.

Derechef, le Soleil estant de de-là le Nord, alors les vents du Zud soufflent de de-là le Nord de la Milieüe-ligne le plus du tems du Zud-zud-Ouëst, prenant leur course bien loing derriere le Nord, assavoir, jusques aux Isles Salées: mais quand le Soleil est de-là le Zud de la Milieüe-ligne, alors les vents du Zud s'approchent plus de lieux mentionnés, au Zud-Est, & ne montent pas si loing derriere le Nord; mais les vents du Nord-Est, qui le plus souvent soufflent entre les Isles de Canarie & les Isles Salées, ne prenent pas seulement leur course jusques à 6 & 5. mais bien aussi jusques à 4. degrés, largeur de Nord, là où qu'ils se finissent & se changent en des vents de l'Ouëst & du Zud, voire en des calmes, qui y continuent incessamment le plus du tems, sous & environ la Milieüe-Ligne.

IN-

INSTRUCTION

Des Aiguilles couchantes parallelement sous la Roze du Compas.

LA montre des Aiguilles des Compas est tres-variable, comme on a clairement experimenté en divers lieux & tems; parce la connoissance de cette variation est tres-necessaire à sçavoir, principalement pour ceux, qui se meslent de la science des Pilots. Nous mettrons ici en avant quelques preuves de la dite variation.

à Amsteldam a esté observé par P. Plancius, que la montre de l'aiguille de Nord-Est autrefois differé de — 9½ degrés

En apres Corneille Iean Lastman l'a trouvé de differer — — — 6 degrés

En l'an 1649. C. I. Lastman en I. Bleau l'ont experimenté de differer - - 2 degrés

En entrant la Canale, assavoir sortant la Mer d'Espagne elle differoit autre fois. — — 8 degrés, Nord-Est

Au tems present ne differe que de — — — 3 degrés

Tout prés du Cap de Bonne Esperance on a ci-devant remarqué qu'elle differoit un — — — ½ degré, Nord-Ouest

Mais à present elle differe bien de — — 4 ou 5 degrés, Nord-Ouest

On pourroit alleguer divers exemples, mais ceux-ci nous semblent d'estre assés.

Outre les dits changemens & variations de l'inegalité de la montre de l'aiguille trouve-t'on encore des remarquables differences de l'inegalité des Compas, aux quel on met les Aiguilles, selon la coûtume ordinaire, sous la Roze en formé quarrée: tellement que quelques Compas, faits d'un méme Maistre, & touchés egalement à une méme pierre, peuvent differer plusieurs degrés à la premiere touche, comme on peut remarquer en ce qui suit.

L'An 1649. deux Maistres ouvriers des Compas, chacun d'eux ayant fait six Rozes & touché les Aiguilles en forme quarrée sous les Rozes, selon la coûtume ordinaire, & l'un & l'autre ayant touché leurs Rozes à la pierre, en nostre presence, & les mesurant d'une mesme mesure, montroyent, assavoir.

Les premieres six Rozes	degrés	Les autres six Rozes monstroyent	degrés
	32		31
	29½		33
	32		30
	33½		30½
	28		31
	32		33

Il est vrai-semblable, que ces differences ont leur origine, de ce que l'un côté de l'Aiguille tire plus de vertu & force à soy que l'autre côté; soit qu'il arrive par un mauvais temperament des dites aiguilles, soit que l'un des côtés en touchant, attouche plus la pierre que l'autre, quoy que c'en soit, on ne les peut pas remedier en retouchant.

Mais pour prevenir la desordonnance, qui d'ici peut provenir, pource est-ce que nous avons fait mettre sous les Rozes deux aiguilles droites, egalement longues, paralleles, & d'un côté & d'autre egalement eloignées du Zud & du Nord, & avec leurs pointes au tournement.

De ces Rozes, desquels les aiguilles sont couchées parallelement, C. I. Lastman en a touché à sa pierre six, en la presence des dits Maistres ouvriers des Compas, en l'an 1649. & les ayant mesuré de la mesme mesure, comme les 12 Rozes sus-mentionnées, ont esté trouvées de montrer.

	degrés
	32
	31¼
	32
	31¼
	32½
	32⅔

Remar-

Remarqués bien.

es premieres six Rozes (sous lesquelles les aiguilles sont couchantes en forme quar-
 & d'un méme Maistre touchées à une méme pierre, & mesurées d'une méme
ure) different, assavoir la plus moindre du plus haut en nombre, de 5½ degrés.

econdement, les autres six Rozes (qui de mémes ont leurs aiguilles couchantes en
ne quarrée, & touchées d'un autre Maistre à sa propre pierre, & mesurées d'une
ne mesure,) different, assavoir la plus moindre du plus haut en nombre, de
egrés.

ierçement, les autres six Rozes, ayans les aiguilles couchantes parallelement, sont
hées par C. I. Lastman à sa propre pierre, & les ayant mesuré d'une méme mesure,
me les premieres & secondes six Rozes, different, assavoir la plus moindre du plus
en nombre, non plus que de ¼ de degré.

ellement que je dis pour conclure; Quand les aiguilles droites sont bien tempe-
, & bien mises sous les Rozes, comme il faut, & finalement sont touchées à un bon
ant; alors les aiguilles montreront la Ligne-Aimante, & plus que la Ligne-Aimante
tourne du Meridian, plus aussi qu'est la faute des Compas.

omment qu'on pourra trouver les fautes des Compas & les remedier, vous le pou-
ire en *l'Instruction du Juge des Compas*, au commencement du livret, contenant
ables de la largeur du Soleil levant, ciffrées par W. I. Bleau; comme aussi au livre
ulé l'Art des Pilots, cap. 3. composé par C. I. Lastman.

uand on pren bien guarde à la montre de l'Aiguille, & on l'annote, alors un cha-
pourra remarquer au tems futeur, combien loing Est ou Ouëst, & qu'il est sur cette
eur, là où que la montre de l'Aiguille se change vistement.

ous avons trouvé bon, hormis les Compas à mesure, qui ont les Aiguilles cou-
ites parallelement, de donner aussi à chaque Navire deux Compas avec des Ai-
les paralleles; l'un pour le Maistre de Navire, & l'autre pour les Pilots, afin que
autes, qu'on trouve par les Compas à mesure, en l'observation des Courses, y soyent
ferées: mais il faut sçavoir, que le Compas est un instrument fort tendre, qui par
legeres choses peut estre empeché, qu'il ne face pas sa decente montre; parce il faut
 prendre guarde, que la pointe, sur laquelle la Roze tourne, soit aucunement aigue,
escaille nette; aussi que la Roze soit egale, ne pendant d'un côté plus que de l'au-
& la boiste, en laquelle la Roze est, doit estre bien serrée, afin qu'il n'y entre au-
air, & requiert quelle soit pendue à l'egal.
 faut aussi bien prendre guarde, que tout prés le Compas, il n'y aye ni fer ou acier :
 que l'un Compas ne soit pas mis trop proche d'un autre.

F I N.